LES BOULEVARDS

DES ITALIENS, MONTMARTRE, POISSONNIÈRE, BONNE-NOUVELLE. ET SAINT-DENIS.

BOULEVARD DES ITALIENS.

Les Jeux de boules. — Le Dépôt des Gardes-françaises. — La Comédie-Italienne. — Les Hôtels. — Mme Laruette. — Mlle Colombe. — Mlle de Saint-Huberti. — Le Grand-Salon. — Cafés et Restaurants. — Grétry.

Des boulevards du Nord, formés sous Louis XIV, celui que nous appelons boulevard des Italiens émargeait encore moins de maisons que de jardins à la fin du règne suivant. A chacune des extrémités, du côté des numéros pairs, il y avait eu d'abord un jeu de boules. L'emplacement du premier fut conservé par le duc de Choiseul, après l'aliénation des terrains adjacents, que ce ministre tenait de Crozat, son beau-père. L'autre jeu de boules se trouvait occupé par le Dépôt des gardes-françaises, établi par le colonel duc de Biron en 1764. De là venait une dénomination qui fut portée par ledit boulevard, concurremment avec celles d'Antin, de Gaillon et de la Grande-Pinte, peut-être même de Richelieu, avant qu'il fût question des Italiens dans ces parages.

Le boulevard du Dépôt touchait pour ainsi dire à l'hôtel de Gontaut-Biron, édifié vraisemblablement sur le dessin de l'architecte du Dépôt, rue Louis-le-Grand et boulevard des Capucines.

Or les grands bâtiments, aujourd'hui divisés, qui séparent la rue du Helder de la rue de la Chaussée-d'Antin, ont encore l'air d'une jolie caserne; leur architecture identique, les balustres du premier étage, les jours arqués de l'entre-sol, et jusqu'aux têtes de Méduse qui décorent une porte cochère, trahissent le XVIIIe siècle, et une destination originaire d'établissement public. Néanmoins le plan de Jaillot, qui a paru en 1773, indique une solution de continuité dans la façade, dans le quadrilatère de l'édifice, à l'angle de la rue de la Chaussée-d'Antin. Une gravure de 1789 montre sur le même point une grille, que flanque un petit bâtiment tout à fait à l'extrémité du boulevard. Cette estampe consacre la mémoire d'un engagement, qui eut lieu dès le 12 juillet entre le régiment Royal-Allemand et un détachement de gardes-françaises : ceux-ci sauvaient leur colonel, M. Duchâtelet, de l'effervescence populaire, en combattant avec le peuple. L'entrée de la caserne, théâtre de cette lutte, ne garda pas longtemps le même aspect. Louis XVI, pendant son procès, était promené sous bonne escorte, en fiacre, du Temple à la Convention par le chemin des boulevards: il remarqua, pendant un de ces trajets, que l'édifice avait été achevé et ne présentait plus que des lignes régulières. Mais ce perfectionnement, il était dû à une initiative antérieure, à un plan conçu, arrêté, presque entièrement exécuté sous l'ancien régime. L'angle de la rue de la Chaussée-d'Antin était bâti comme l'avait été le reste, et il appartenait au citoyen Luyt, le père de Mme de Ligneville, propriétaire à l'heure qu'il est. Néanmoins l'institution libérale que le colonel du régiment de Biron avait fondée, méritait d'inspirer un regret.

Le Dépôt était une école pour l'éducation militaire. On y recevait 150 ou 200 fils de soldats, auxquels on apprenait à lire, à écrire, à compter, l'allemand, l'escrime et l'exercice à feu, depuis l'âge de 10 ans jusqu'à celui de 16. Les élèves, qui coûtaient au roi 8 sols par jour comme les gardes, étaient à la nomination du colonel et du major. Un officier du corps et quatre sergents étaient investis du commandement de l'école; des caporaux qui avaient qualité pour aspirer au grade de sergent, passaient plusieurs années à gagner leurs galons en initiant au maniement des armes les futurs gardes. Toutefois, à 16 ans, les élèves étaient libres de contracter un engagement, ou de renoncer à l'état militaire en parfaite connaissance de cause, non-seulement sans indemnité à leur charge, mais encore sans rappel possible.

La musique des gardes-françaises, dont le corps était au Dépôt, faisait également des élèves. Le *Conservatoire* lui-même, fondé aux Menus-Plaisirs comme école de chant en 1784, se fondit tout à fait au commencement de la Révolution avec ladite école de musique militaire, et il n'était connu que sous le nom de *Musique du Dépôt des gardes-françaises* au moment de son érection en *Institut* l'an II. La municipalité de Paris, en mai 1790, avait pris à sa charge le corps de la musique de la garde nationale, que l'officier Larrette avait formée avec celle des gardes-françaises.

Ce mélomane fut jeté en prison, parce qu'un de ses élèves avait joué sur le cor : *O Richard, ô mon roi!* Mais on le fit sortir de Sainte-Pélagie pour organiser la musique dans la fête de l'Etre-Suprême. L'Institut avait été placé rue Saint-Joseph; le Conservatoire retourna peu de temps après au faubourg Poissonnière, point de départ des écoles de chant et de déclamation. L'honneur revient au Dépôt des gardes-françaises d'avoir servi de berceau à l'enseignement de la musique instrumentale et d'avoir été un moment le Conservatoire tout entier.

Le théâtre Favart, bâti sur l'emplacement de l'hôtel Choiseul, précédemment Crozat, fut ouvert le 28 avril 1783 par la troupe de la Comédie-Italienne, qui jouait l'opéra-comique, la comédie à ariettes, et on appela boulevard de la Comédie-Italienne la section comprise entre les rues de Richelieu et de Gramont; mais le nom de boulevard d'Antin resta encore à la seconde moitié du boulevard actuel. Sous l'Empire, l'opéra-buffa commença à être chanté par de véritables Italiens dans cette salle, après la fusion de sa troupe française avec celle de Feydeau. Mais c'est sous la Restauration et au commencement du règne de Louis-Philippe que les Italiens en firent la première scène lyrique du monde. Un incendie, en 1838, les déplaça, et l'Opéra-Comique reprit possession du théâtre restauré.

Nous ne revoyons plus les terrasses des hôtels de Choiseul, de Boisfranc, de Deux-Ponts et d'Antin, dont les jardins faisaient du boulevard un lieu de rafraîchissement pour le promeneur. Mais comment ne pas reconnaître le mignon pavillon du maréchal Richelieu, édifié après la campagne de Hanovre à l'extrémité du jardin de l'hôtel d'Antin? L'hôtel de Boufflers s'élève depuis la même époque à l'angle de la rue Choiseul, et l'hôtel de Lévis au coin de la rue Gramont, sur des terrains qui s'étaient détachés de plus grandes propriétés. Rue Richelieu et sur le boulevard a demeuré le chevalier Lambert; nous retrouvons la maison d'encoignure où ce banquier forma une galerie de tableaux. Lambert eut pour voisin un autre financier plus célèbre, l'abbé Terray, mais qui serait encore plus décrié en ce temps-ci qu'à la fin de sa vie, car les dettes publiques n'avaient pas d'ennemi plus déclaré que l'abbé Terray. Son ministère tenta, mais vainement de les amortir à tout prix. L'excès contraire fait *flores* de nos jours.

Derrière l'autre rangée d'arbres, parmi les maisons qui surgissent sur d'autres terrains vendus par la famille Choiseul à Dumont, à Forget, à Laborde, à Vessu, voici une propriété établie sous Louis XVI pour M. de Bospin, à l'un des angles de la rue Le Peletier. Un joli pavillon s'y rattachait, avec perron sur le boulevard, et la décoration intérieure d'un salon rond y subsistait encore dans son éclat, quand M. Lupin père, acquéreur de l'immeuble, consulta Visconti sur l'opportunité de substituer un pan coupé à cette parasite rotondité. L'architecte demanda grâce pour l'encoignure, à cause de son élégance; mais il ne put obtenir qu'un sursis : un autre homme de l'art a détaché le chaton de la bague. M. Salmon avait fait bâtir à l'autre angle de la même rue, et à la même époque, une maison qui de nos jours appartient à son petit-fils. L'ancien hôtel d'Aubeterre, qui donne sur le boulevard, mais qui ouvre rue Laffitte, a perdu, lui aussi, un pavillon des plus coquets, lorsque les exigences de la voirie rendirent impossible la conservation du perron donnant accès au rez-de-chaussée. Mme Chevalier, stucatrice du feu roi de Pologne, a inauguré par l'exposition permanente des objets d'art de sa composition, un des salons actuels de Tortoni.

Au coin de la rue Taitbout, l'architecte Bellanger a dessiné l'hôtel Brancas, dont l'appartement le plus riche était destiné au comte de Lauraguais. M. Habert et M. Lefeuve, grand-oncle et père de l'auteur des présentes notices, y ont été, sous Louis XVIII, les acquéreurs de Mme de Villoutreys, née Vanderberghe, femme du général Rapp en premières noces. Puis est venue la marquise d'Hertford. Le testament de lord Seymour, un des deux fils de la marquise, a légué récemment l'hôtel à l'Assistance publique, qui en tire un beau revenu. Malgré lesdites mutations, presque rien n'est changé pour l'appartement du premier, dont les persiennes et les volets ne se sont pas ouverts souvent depuis que la maison est bâtie. Les Brancas, à cause de la Révolution, et le général Rapp, à cause de ses campagnes, n'ont pas été des hôtes constants ; Mme de Villoutreys, M. Cardon, Mme d'Hertford et lord Seymour n'ont fait de ce logement princier qu'un pied-à-terre habité rarement. Les croisées en demeurent closes depuis la vente après décès du riche mobilier de milord.

Le boulevard de Coblentz passa *boulevard de Gand*, grâce aux cent-jours, et ce nouveau surnom tint tête à la révolution de Juillet ; un vers d'Auguste Barbier, dans la *Curée*, le visa sans l'atteindre ; il n'a été laissé pour mort que sur le champ de bataille du 24 Février : les bureaux du *National*, à l'entrée de la rue Le Pelletier, ont chanté son *De profundis*, en proclamant de nouveau la République, excessivement propre à rappeler l'Empire. Le surnom mémorable de boulevard de Gand n'ira cependant pas à la postérité comme un souvenir d'exil ou d'oppression, de protestation ou de défaite, de surprise ou de châtiment ; il rappellera tout uniment la renaissance du boulevard des Italiens, qui n'a jamais été distingué, animé, spirituel, amusant et parisien avec autant de luxe, avec autant de belle humeur, que pendant la Restauration et la quasi-Restauration. Le *café de Paris*, établissement sans rival, qui est tombé comme une institution, pour se faire goûter davantage et regretter, a vécu un peu plus que le boulevard de Gand ; il était né quelques années après, dans cet ancien hôtel Brancas qu'il n'aurait pas quitté pour un empire. Les traditions du café de Paris ont peut-être survécu ailleurs, en ce qui regarde le service ; mais tout le monde n'osait pas monter les quelques marches de son perron ; beaucoup d'appelés craignaient à juste titre d'y paraître déplacés au milieu des élus. Il suffit, au contraire, pour dîner à la *Maison d'Or*, au *café Riche*, au *café Foy*, au *café Anglais*, au *café Cardinal* ou chez *Grossetête*, d'avoir assez d'argent pour en sortir. D'autres cafés un peu moins restaurants se multiplient aux alentours, comme sur tous les boulevards.

Le *café du Helder*, avant de s'établir sur l'emplacement des anciens bains Chinois, dont l'extérieur était plein d'agrément, et près de la maison du grand bazar incendié sous la Restauration, occupait en face de la rue Choiseul le local du *café Montmorency* .Ce dernier tire son nom, il est vrai, d'un hôtel garni, mais d'un hôtel garni qui se plaça entre les deux hôtels que les Montmorency occupèrent boulevard Montmartre et boulevard des Capucines, au coin de la Chaussée-d'Antin. N'assure-t-on pas, dans maints livres sur Paris, que, sous le Consulat, Sophie Arnould a rendu le dernier soupir précisément au même endroit, vis-à-vis la rue Choiseul? Nous ne disons ni oui ni non.

L'enseigne d'un autre café nous rappelle le séjour de l'illustre Grétry, boulevard des Italiens, n° 7, en regard de l'établissement qui s'est placé sous son invocation. L'auteur de *Richard Cœur-de-Lion* mourut dans sa maison de Montmorency, ancien ermitage de Jean-Jacques Rousseau : à ses dépouilles mortelles, rapportées à Paris, de pompeuses funérailles ne firent pas défaut. Sa famille et sa ville natale se disputèrent le cœur du grand musicien. Toutes les pièces de son mobilier furent vendues beaucoup plus cher qu'elles ne lui avaient couté : Nicolo Isouard acheta son clavecin; Boieldieu, sa cartelle; Berton, la canne avec laquelle il marquait la mesure aux répétitions.

Une quinzaine d'années plus tard, Hérold occupait un appartement n° 3, et Panseron, maison du Grand balcon.

D'autres maisons du boulevard servirent d'habitation à des actrices de la Comédie-Italienne. Mme Laruette qui, dans sa jeunesse, avait reçu de brillants hommages, et chez laquelle s'étaient rencontrés le duc de Nivernais, M. de Vaugremont et le marquis de Brancas, trois cordons-bleus, avait eu des relations de plus longue haleine avec le marquis de Flamarens : elle demeurait au coin de la rue Marivaux avant la mort de son mari, acteur qui a laissé son nom à un emploi, et qui était aussi compositeur. Mlle Riggieri, dite Colombe, qui était réellement Italienne de naissance, bien qu'elle jouât l'opéra-comique en français, habitait le boulevard d'Antin, du même côté que son théâtre. MMmes Laruette et Trial avaient réussi plus vite que cette rivale à la Comédie-Italienne ; le succès ne l'empêcha pas de prendre sa retraite cinq ans après la translation de son théâtre dans la salle Favart. La Révolution l'ayant faite pauvre, l'âge et la pauvreté rendirent méconnaissable cette Colombe, que milord Mazarin avait ravie à ses parents en 1767, et que le marquis de Lignerac avait enlevée pour plusieurs années au théâtre peu de temps après ses débuts. Mlle de Saint-Huberti, de l'Opéra, qui s'appelait réellement Antoinette-Cécile Clavel, était locataire de Salmon. Bien flatteur qui la trouvait belle ! Elle était assez grande et blonde, mais assez maigre, et de manières provinciales. Cette grande artiste lyrique ne passionnait son auditoire qu'à force de s'identifier avec ses rôles. Quelqu'un lui faisait compliment du frisson qu'elle avait donné aux spectateurs à la fin du troisième acte de *Didon* : — Cette scène, répondit-elle, m'a encore plus émue que toute la salle ; dès la dixième mesure, je me suis sentie morte...... Mlle de Saint-Huberti assistait un soir au spectacle de la Comédie-Italienne, et le bruit courut dans la salle qu'elle venait de réconcilier Gluck avec Piccini : le public s'y montra sensible par des acclamations reconnaissantes et fit descendre l'actrice de sa loge pour la couronner sur la scène.

On en veut encore à Heurtier, l'architecte primitif du théâtre Favart, de n'avoir pas tourné sur le boulevard la façade de l'édifice; mais les maisons particulières elles-mêmes évitaient autant que possible d'ouvrir leurs portes sur la promenade : précaution qui contribua singulièrement à convertir ce lieu de rendez-vous, aussi commode qu'agréable, en boulevard par excellence, centre des plaisirs élégants. Un traiteur fit, dès le principe, le service du Grand Salon, que remplacèrent successivement *le café Chrétien, le restaurant Nicolle*, puis le *café du Grand balcon*. Chrétien, juré au tribunal révolutionnaire, avait pour clientèle, dans son café, la compagnie des *Tape-durs*, souteneurs armés d'un gros bâton qu'ils appelaient par métonymie la *Constitution de l'an* III. Ces janissaires du comité de sûreté générale rôdaient principalement sur le *boulevard de Coblentz*, nom qu'ils avaient eux-mêmes donné au boulevard des Italiens, parce qu'il restait fréquenté, en général, par la bonne compagnie.

Au commencement de l'Empire, Hardy et Mme Riche tenaient en face de Nicolle deux grands cafés, qui devenaient déjà des restaurants. Un marchand de vin recevait les cochers à la place du *café Anglais*, dont la réputation fut bientôt faite et se consolida surtout quand Chevreuil eut à y traiter en alliés les officiers de l'armée étrangère.

BOULEVARD MONTMARTRE.

Frascati. — Le Cte de Mercy. — L'inspecteur de police et sa maîtresse. — La Dlle Mars du XVIIIe siècle. — La Manufacture. — Boïeldieu, Rossini et Carafa. — Le prince Tuffakine.

Le Cours, où des arbres furent plantés en 1676, se divisa postérieurement en boulevards de divers noms, et le boulevard Poissonnière fut longtemps dit boulevard Montmartre. Celui qu'on connaît à présent sous cette dernière dénomination s'appelait boulevard Richelieu.

Il n'y reste plus trace de l'hôtel Lecoulteux ; mais l'enseigne d'un café et celle d'un pâtissier rappellent où furent le jardin et la maison de jeu Frascati, transformation de l'hôtel Lecoulteux à l'époque du Directoire. Garchi, glacier napolitain, avait fait du jardin un lieu public fort à la mode, dont la terrasse et les allées, le soir, alternaient l'ombre et la lumière au moyen de verres de couleur, au moyen de feux d'artifice tirés les jours de grande fête. Perrin loua Frascati de M. Duthillère, grand veneur de l'empereur; il y transféra celle de ses banques de jeu qui s'exploitait dans une maison voisine, rue Richelieu, et puis le grand salon des étrangers, fondé dans cet hôtel d'Augny que nous avons retrouvé rue Drouot. Perrin maria sa fille au neveu de Desaix et mourut insolvable, après avoir eu seize millions. Savary, ministre de la police, lui avait donné pour successeur à la ferme des jeux l'ancien fabricant d'armes nommés Bernard; mais celui-ci n'ayant pu obtenir de son prédécesseur la cession du local de Frascati, on avait porté de nouveau le salon des étrangers à l'hôtel d'Augny: le tapis vert ne refleurit que plus tard à l'angle de la rue de Richelieu.

Notre notice sur la rue Drouot a déjà donné l'historique de la grande propriété située à l'opposite sur le boulevard. La maison adjacente qu'occupe l'ancien cercle a été un hôtel Mercy. Le comte de Mercy-d'Argenteau, ambassadeur du saint-empire, y résida, comme à l'hôtel d'Augny. On accusa ce diplomate, au commencement de la Révolution, d'être à Paris le directeur du comité autrichien, et il se retira à Bruxelles en septembre 1790. Son frère, dans le même temps, épousait une cantatrice du nom de Levasseur, sa maîtresse, qui devint ainsi baronne du saint-empire, vicomtesse de Mercy-d'Argenteau. L'ambassadeur mourut à Londres quatre ans après; l'autre servit, comme général, dans les armées autrichiennes, et ne cessa de vivre qu'en 1815.

Le jardin de l'hôtel Montmorency, bâti en l'an 1704 sur les dessins de Lassurance, bordait le boulevard; les regards du passant s'y arrêtaient sur un kiosque chinois, que M. de Montmorency-Luxembourg avait fait construire après coup. Le théâtre des Variétés, le passage des Panoramas et le prolongement de la rue Vivienne ouvrent sur les anciennes limites de ce jardin particulier.

Le *Café de la Porte Montmartre* existait déjà sous Louis XV : la maison d'encoignure où il s'est maintenu n'a été, depuis, que refaite. Une fille Richard, dite Émilie, y arrêta en effet un logement, deux étages au-dessus du limonadier, en 1764. Elle avait quitté brusquement, par une nuit du mois de mars, Marais, inspecteur de police, avec lequel elle vivait ; mais Brissault, leur ami commun, les avait remis en présence l'un de l'autre, et le subordonné de M. de Sartines avait subi des conditions nouvelles qui consacraient l'indépendance d'une maîtresse digne d'un tel amant. Aux termes de cet arrangement, la Richard logeait seule et pouvait recevoir qui bon lui semblait, hommes ou femmes. Deux femmes justement, ses pareilles, les nommées Martin et Latour, demeuraient sous le même toit, et la nouvelle venue entrait en tiers dans une affection particulière qu'elles avaient l'une pour l'autre.

Le côté droit du boulevard ne tarda pas à opposer au trio féminin du coin de la rue Montmartre une héroïne à laquelle reviendrait une place plus brillante dans les fastes de la galanterie. Mais le dédain de la postérité n'est-il pas dû à cette sorte de gloire? La femme galante qui eut pour domicile une des maisons restées debout entre l'hôtel Mercy et le faubourg Montmartre, portait un nom que sa fille ou sa nièce a rendu célèbre au théâtre, et il semble que la vie privée des comédiennes relève elle-même des lumières de la rampe. D'historiettes se compose toute leur biographie, et il peut en fleurir jusque sur les rameaux de leur arbre généalogique. La mère de l'illustre Mars fut actrice en province, et elle parut aussi sur le théâtre de la République;

mais on ne la citait que pour sa beauté. Elle ou sa sœur fut la Dlle Mars, née en Provence, qui se fit quelque temps appeler Salveta. Cette fille avait débarqué en 1768, jeune et jolie comme les Amours, chez la Dlle Marquise, une grosse Marseillaise dont nous avons déjà parlé ailleurs; Cormier de Chamilly, trésorier des écuries du roi, dont la femme se montrait jalouse, n'avait donné que peu de notoriété à son intrigue avec cette recrue, qui n'était plus une débutante, car elle avait déjà connu, outre Diesbach, officier suisse, un riche Américain, M. de Carcadeux. Ce dernier, en renouant avec elle au printemps, s'allégeait de 30 louis par mois. Mais que faisait-elle au temps chaud? A cette question les échos du boulevard ne répondent plus en chœur et d'un seul trait; la multiplicité des sons, la confusion des voix, les disparates remplacent l'unisson, et au lieu d'une note à la fois, c'est une gamme. Les relations de la belle Provençale sont devenues, à vrai dire, un concert assez tumultueux, où dominent les dissonnances, les faux accords, les transactions inharmoniques de la vénalité. Bien des exécutants s'y croient virtuoses, tels que le maître d'hôtel du duc d'Orléans, et M. de la Taste, mousquetaire, et le notaire Dufresnoy : ils ne sont que des instruments! Est-ce qu'il reste de la chanson d'amour autre chose qu'un refrain sceptique, qui veut être repris en chœur? Le refrain soupe, il aime la compagnie et ne se contente plus du tête-à-tête : il prédispose ou il console, et son autorité, qui commande la bonne humeur, l'esprit quand même et la philosophie dans le plaisir, interrompt, réduit au silence, laisse mourir au pied du mur, dans les ténèbres de l'isolement, l'écho vieilli des sérénades. Vive le chœur des petits soupers ! Aujourd'hui, toi ; hier, un autre, et je signe un billet au porteur pour demain : le champagne luit pour tout le monde ! Grand souper, par exemple, chez la Dlle Laforêt, le 22e soir de juillet, et puis partie de vingt-et-un jusqu'à deux heures du matin : les Dlles Rey, Marquise et Mars quittent alors le jeu, mais ne quittent pas les joueurs, et M. de Sainte-Colombe y gagne ce que perd M. de la Taste, qui n'est pas là. L'amant trompé se retire tout à fait, après mille écus de dépense avec la belle, et Marquise présente à celle-ci M. de la Sablière, qui laisse 25 louis, un matin, sur le marbre de sa cheminée. La volage sait très-bien compter ; par malheur, elle perd, au mois d'août, un procès de 19,000 livres contre un ancien amant nommé Nodille. Des gens de qualité lui font, à ce propos, leurs compliments de condoléances, en la rencontrant aux Tuileries ; mais elle leur répond avec franchise : — Venez chez moi, que je me rattrape !... L'année suivante, le prince de Guémenée donne à Versailles une série de soupers, présidés par Mlle Mars, et l'amphytrion ne s'y vante pas de tout ce que sa maîtresse lui a fait partager. Cheld, chambellan de l'électeur de Cologne, la prend à ses gages, la délaisse, puis la reprend au milieu de l'été, son *interim* ayant été remplit par Ladaw, sujet de Catherine II. Milord Binting passe presque inaperçu. Mais il en est différemment d'un jeune mousquetaire gris ayant nom d'Hérouville : il aime, et il le prouve en contractant assez de dettes pour compromettre son avenir ; par exception, il est beaucoup aimé. Le père de ce jeune homme, afin de mettre un terme à des relations ruineuses, s'entend avec son commandant, et le jeune mousquetaire est enfermé, par ordre, à l'Abbaye. Le lendemain, dimanche, Mlle Mars attend son amant au Wauxhall. Son cœur bat, chaque fois qu'elle croit l'apercevoir; mais ce n'est qu'illusion. Et comment s'y tromper? personne ne ressemble que de bien loin à l'être qu'on chérit, et qui sait rendre encore plus d'amour qu'on ne lui en a prodigué! Cependant l'heure avance; l'inquiétude monte à son comble: la jalousie flaire une trahison. Une rivale? il faut la découvrir ou la deviner, et sa perfidie sera punie avant même que le jour l'éclaire. Quelle est la brillante habituée qui ce soir-là manque au Wauxhall? Où demeure-t-elle? Faites avancer un fiacre, qui roulera toute la nuit. Mais un ami apprend à Mlle Mars qu'on a mis en prison, pour le séparer d'elle, l'amant qu'elle soupçonne d'une infidélité, et tout de bon elle se trouve mal. Quatre hommes la portent jusqu'à la voiture; elle ne reprend tout-à-fait connaissance qu'en arrivant au boulevard Montmartre. Tout lui rappelle, dans son appartement, la tendre affection qui lui est arrachée; elle y paye pour la première fois son tribut de larmes à l'amour. Puis elle change de meubles et de quartier, avant de reprendre le cours des galanteries qui laissent son cœur libre..... Aussi bien, à quelques années de là, une figurante nommée Lolotte devenait pour tout de bon comtesse d'Hérouville.

La manufacture de papiers peints et veloutés de Robert se trouvait établie près de la maison habitée par Mlle Mars.

L'immortel Boïeldieu, sous la Restauration, habitait le même boulevard, et il y écrivait sa plus belle partition, la *Dame Blanche*. Rossini et Carafa, par une coïncidence fortuite, avaient leurs appartements à cette époque dans la maison de Boïeldieu, en d'autres temps ambassade de Turquie et hôtel du prince Tuffakine. Ce prince russe avait pour secrétaire, sous le règne de Louis-Philippe, M. Georges, qui l'accompagnait presque partout et lui faisait vis-à-vis en voiture. A cause d'une infirmité, Tuffakine portait la tête excessivement penchée sur l'épaule droite; son secrétaire, à force de tendre le cou pour converser avec le prince, et peut-être aussi par flatterie, contracta le même tic dans le sens opposé: son épaule gauche fit coussin pour sa tête. Lorsque tous deux marchaient à pied, et que le bras droit de M. Georges soutenait le bras gauche du prince, il leur était impossible de causer; s'ils changeaient de côté, les deux têtes se cognaient, et les passants d'en rire. Le passage Jouffroy, formé en 1845, traverse l'ancienne habitation de Tuffakine.

BOULEVARD POISSONNIÈRE.

Le Bonnetier. — MM. Cheuvreux-Aubertot, Honoré. — Mme Cavaignac. — Balleroy. — l'abbé de Saint-Phar, Montholon, d'Ailly, Augeard, Derbais et les Dezègre. — MM. Besson, Odier. — Le cul-de-sac perdu et retrouvé. — Le 2 décembre 1851.

Sur le boulevard Poissonnière, au coin de la rue du même nom, la boutique d'un bonnetier porte cette inscription : *Anciennes limites de la ville de Paris*, *an* 1726. M. Girault de Saint-Fargeau, dans son *Dictionnaire des Communes*, enchérit sur ce document : « Là, dit-il, dans les murs de la maison, à la hauteur « du premier étage, était encastrée une pierre monumentale. « Cette pierre était gravée et des armes de France et d'un édit « de Louis XV, qui défendait de bâtir plus loin et d'étendre la « ville au-delà. La ville s'est gardé d'exécuter l'édit et a bien « fait ; mais il n'aurait pas fallu enlever la pierre, qui a été dé« truite vers 1839. » Les Dezègre et les Derbais, qui étaient des marbriers et des spéculateurs gigantesques sur les terrains de Paris, les Dezègre et les Derbais, ces Péreire du XVIIIe siècle, ont créé l'immeuble dont s'agit.

Une autre enseigne figure sur la porte d'un grand magasin de nouveautés, que présente le n° 7, mais qui s'étend aussi jusqu'à la rue : *Chevreux-Aubertot, maison fondée en* 1786. La noblesse commerciale vient à son tour, et pourquoi pas? ce n'est pas un tour de faveur. Ladite noblesse a encore plus de crédit qu'une autre ; seulement elle se rattache au nom d'un fondateur, qui la transmet avec le fonds. On en évalue les quartiers d'autant plus cher qu'elle remonte plus haut. Fort heureusement le public est bon prince. La clientèle d'un coin de rue séculairement achalandé ne rembourse-t-elle pas, avec une incroyable bonhomie, tout ce que l'enseigne rançonneuse a coûté ? Le magasin de nouveautés du boulevard Poissonnière fut créée à Pantin ; sa première étape dans la ville ne l'amena qu'au faubourg Saint-Martin ; mais il y avait des liens étroits de parenté entre les chefs de ce comptoir et ceux de l'établissement du même genre ouvert rue des Moineaux. Les dames qui vont acheter des robes auraient encore à perdre le temps de les marchander, une par une, si les maisons Cheuvreux-Aubertot et Bourruet-Aubertot n'avaient pas inventé le *prix fixe* à cette époque : jusque-là on débattait le prix, de part et d'autre, pour un fichu comme pour un cachemire, et, du moment qu'il s'agissait d'emplette à faire, il fallait un peu moins d'argent à qui avait la langue mieux pendue que le marchand de nouveautés. A l'année 1822 se rapporte, en réalité, le déballage au boulevard, du magasin du faubourg Saint-Martin.

Sous Louis XVI, l'envoyé de Prusse avait sa résidence vis-à-vis, et le n° 6 en dépendait. Une fabrique de porcelaine bien connue y perpétue depuis ses magasins, et M. Honoré, lauréat de la Société des gens de lettres, y succède à son père comme manufacturier : M. Honoré fils remplit aussi les fonctions purement officieuses de secrétaire de la Société amicale des anciens élèves du lycée Bonaparte, collége Bourbon.

L'hôtel de l'envoyé de Prusse était suivi, sur le boulevard, par la maison et le magnifique jardin de Boulainvilliers, nommé prévôt de Paris en 1766 : hôtel de campagne à la ville, remplacé aujourd'hui par la rue Rougemont et des immeubles également modernes. Puis venaient des maisons qui se retrouvent en notre temps, et d'abord une à Mme Cavaignac. Henri IV avait anobli un Bertrand Cavaignac pour ses loyaux services; nous croyons que le nom de la même famille, rendu odieux plus tard par le conventionnel, restitué au jour honorable de l'histoire par le général Cavaignac, chef du pouvoir exécutif dans des circontances difficiles, et par un autre général, qui survit ; nous croyons que ce nom était porté au boulevard Poissonnière par la mère du conventionnel. Néanmoins ce dernier, qui était né en 1762, avait très-bien pu épouser antérieurement à la Révolution la fille de M. Garancez, un ami de Jean-Jacques Rousseau : cette dame Cavaignac, tricoteuse d'une main en 1793, égrenait pourtant en dévote son chapelet de l'autre main, et sa double conviction n'a pas été sans influence, en 1848, sur la politique de son fils, le dictateur.

Balleroy disposait d'une maison voisine, par conséquent du no 24, qui a appartenu postérieurement à M. Honoré père, ou bien du no 26, où fort longtemps le café Arondelle, que fréquentaient les courtiers de l'usure et des effets de commerce au grand rabais, a précédé le restaurant Désiré.

Une propriété contiguë, qui commençait par un étroit jardin

formant terrasse, allait jusqu'au faubourg Montmartre : elle était à l'abbé de Saint-Phar, ainsi que le rappelle un hôtel garni, dit de Saint-Phar, exploité dans le même immeuble. Moins constant, le boulevard Montmartre, nommé aussi Saint-Fiacre en ce temps-là, est celui qu'on appelle maintenant Poissonnière. M. Victorien Sardou, dans une de ses pièces, *M. Garat*, attribue la fondation de l'hôtel Saint-Phar à un laïque du même nom. Il existait effectivement en 1792 un ingénieur Saint-Phar, architecte du département de Paris, ainsi que des hôpitaux civils du royaume, et on le qualifiait en outre architecte de M. d'Artois. Ce personnage réel, qui demeurait alors rue Saint-Antoine, nous paraît autre que l'abbé de Saint-Phar. Reconnaissons en tout cas dans l'abbé un des fils que le duc d'Orléans, père de Philippe-Egalité, passait pour avoir donnés à Mlle Marquise, une simple figurante, dite ensuite marquise de Villemomble. Le fermier-général Legendre de Villemorien, administrateur général des postes et relais de France sous Louis XV, avait été propriétaire avant l'abbé de Saint-Phar, au même endroit.

En traversant de nouveau la chaussée, nous saluons d'abord deux constructions modestes, comme les ayant déjà vues sur le plan de la ville en 1739, où elles faisaient pendant à celles du coin de la rue Poissonnière, à une distance presque entièrement remplie par des murs. Mais que dis-je! n'est-on pas en train de démolir, au mois de janvier 1863, l'une et l'autre de ces maisons?

L'hôtel Montholon, de trente ou quarante ans moins ancien, est du dessin de Soufflot *le Romain*, élève et neveu de l'architecte du Panthéon ; mais on y voyait sous l'Empire, à la place du magistrat Montholon, le marquis Lelièvre de la Grange, lequel avait acquis à réméré, et le dépôt y existait déjà de la manufacture de tapis d'Aubusson. Comment oublier, au surplus, les beaux bals que nous a donnés plus récemment, à l'étage supérieur, M. Chaix-d'Est-Ange, le bâtonnier de l'ordre des avocats, postérieurement procureur général ?

M. Besson, ancien président du conseil municipal et pair de France, occupe le n° 19, édifié en 1787 pour son beau-père, M. Cousin de Méricourt, caissier général des États de Bourgogne, et sur une place qui s'était détachée du territoire de l'hôtel d'Uzès, rue Montmartre. L'architecte Célerié y avait pris un logement, après avoir fourni le plan de la maison à Henri Trou, maître maçon ; celui-ci, faisant mieux, avait profité de l'occasion, et des rognures de matériaux sans doute, pour élever à son propre compte le 21.

L'autre tenant de Cousin de Méricourt s'appelait d'Ailly ; sa propriété garde par devant une belle terrasse, et par derrière l'ancien cul-de-sac Saint-Fiacre, qui fait le mort sur la carte de Paris, mais qui s'est tout bonnement cloîtré. Cette impasse, donnant rue Saint-Fiacre, après avoir touché aussi le jardin de l'hôtel d'Uzès, existe encore, moins passante que jamais ; les locataires de trois maisons du boulevard l'ont pour seconde issue, pour porte de derrière depuis que l'usage en a cessé d'être public.

La fille de Derbais, marbrier du roi et allié aux Dezègre, vendit à Chaussard, architecte, un terrain adjacent et partant de la rue Saint-Fiacre, sur lequel Augeard, fermier général, conseiller au conseil du duc d'Orléans, avait déjà sa résidence au moment de la mort de Louis XV. Plus tard, ce financier ayant émigré, son hôtel passa en diverses mains. M. Odier père, négociant et banquier, s'en rendit acquéreur vers la fin du premier empire : le général Eugène Cavaignac, peu de temps avant la restauration de l'Empire, épousait une petite-fille de M. Odier père.

La Ville adjugeait à Nicolas de Lépine, le 6 avril 1686, un terrain sur ce boulevard, entre la rue Saint-Fiacre et la rue du Sentier, dite aussi du Gros-Chenet ; Thérèse Rouillé, veuve du duc de Richelieu et de Fronsac, en était propriétaire en 1728, et Fontaine de Cramayel, fermier-général, trente-cinq ans plus tard. Egalement en 1686 Derbais s'était rendu adjudicataire de 998 toises, entre les rues du Sentier et Poissonnière. A cette dernière date l'abbé de Lagonde disposait d'un autre lot, plus voisin de la rue Montmartre, et il y avait eu pour auteur le susnommé Derbais. Ces divers emplacements ne se sont trouvés entièrement bordés de constructions qu'au siécle dans lequel nous vivons; mais ce qu'il y a de mieux bâti date certainement de l'autre siècle, sur ledit côté du boulevard.

Les pierres de ces belles façades, que le temps ne rend pas plus tendres, tant s'en faut, ont résisté à une rude épreuve le 2 décembre 1851 : de tels jours ne sont-ils pas pleins d'événements confus à expliquer ? Des clameurs menaçantes que profèrent seulement des passants, qu'écoutent des curieux en foule, mais qu'on croit parties également des fenêtres et des balcons, provoquent les premiers coups de fusil. A cette décharge paraissent répondre d'autres balles, mais qui sont presque toutes celles des soldats renvoyées par les murs avec des éclats de pierre. De là une horrible mêlée, et jusqu'à des canons braqués à portée de pistolet sur les maisons qu'habitent M. Besson et M. Decaen, maire de l'arrondissement. Les boulets et les balles vont vite : en peu d'instants, le boulevard Poissonnière est évacué. Mais le sang n'a que trop coulé ! Qui sont les blessés et les morts ? des soldats en très-petit nombre, et pour la plupart des curieux. Le libraire Adde a été tué en un clin d'œil sous les yeux de sa femme et de sa fille, à la porte de sa boutique. Des cadavres d'hommes et de femmes sont couchés devant le magasin du *Prophète*, en attendant que quelqu'un les reconnaisse. Scène assurément déplorable! Où trouver cependant une révolution qui ait fait répandre moins de sang, et moins de larmes de regret, que la journée du 2 décembre ?

BOULEVARD BONNE-NOUVELLE.

Sébastien Mauduit, pâtissier-traiteur, était établi sous le règne de Louis XV en face de la rue Saint-Étienne, sur le rempart, et ses successeurs, depuis lors, vendent toujours de la galette. La galette du Gymnase jouit d'une notoriété que lui envient bien d'autres œuvres d'art; inventée par Guillet, lequel est parvenu à un âge avancé, probablement parce qu'il n'en mangeait pas, elle a fait la fortune de deux familles au moins de pâtissiers, dont la personne a constamment gardé quelque chose de la simplicité rustique de ce produit. La propriétaire de cet heureux établissement habite la petite maison deux fois séculaire dont il dépend, et qui n'a pas d'autre portière qu'elle-même. Les mitrons qui franchissent par privilége spécial la grille de cette masure ont à éviter une chute dans une sorte de fosse, voisine du fournil, et qui a survécu à la rue Basse-Porte-Saint-Denis. Cette dernière a été supprimée au commencement du règne de Louis-Philippe, ainsi que trois culs-de-sac, dont l'un était l'impasse des Babillards. Toutes les maisons neuves élevées sur la même ligne se ressentent du péché originel du sol, dont l'inégalité donne lieu à un étage de plus du côté qui ne fait pas face au boulevard. Dans le plan de Turgot, un jardin apparaît à la place du café Français, et ce jardin a dû se rattacher au réduit où la galette bat monnaie, alors qu'on pouvait y dîner. Dans l'envergure d'une des ailes de cet aigle moderne, dont tous les sous frappés à la Monnaie deviennent la proie, a été couvé un théâtre, nid lui-même de fortunes et de réputations.

On a trop dit que ce théâtre, rendez-vous favori de la bonne compagnie, tient la place d'un ancien cimetière. Il est vrai que des paroissiens de Notre-Dame-de-Bonne-Nouvelle et des protestants ont été enterrés de ce côté-là, mais pendant peu de temps, prenons-en à témoin la collection des anciens plans de Paris. Ajoutons que sous Louis XVI le cimetière des protestants était séparé du faubourg Poissonnière notamment par un corps-de-garde et par la manufacture de rasoirs du sieur Farcy. Le boulevard Bonne-Nouvelle en ce temps-là s'appelait Poissonnière.

A l'autre extrémité dudit boulevard, et sur le même côté, fait saillie le n° 8, qui finira sans doute par succomber à l'épidémie d'alignement qui laisse le champ libre à des édifices plus conformes aux besoins actuels de Paris. Cette maison dont le rapport est considérable, ne se trouvait en 1730 qu'un grand hôtel avec jardin, ayant ses bâtiments en façade pour tout corps de logis, et occupé par le sieur de l'Orme, inspecteur du pavé du roi.

Une boutique déjà ancienne se relie à cette partie du boulevard, qu'on pourrait appeller aussi place de la Porte-Saint-Denis; c'est l'établissement d'un perruquier dont l'enseigne comporte des vers que nous nous empressons de reproduire :

Passant, contemplez la douleur
D'Absalon pendu par la nuque;
Il eût évité ce malheur,
S'il eût porté perruque.

Les nos 6, 4 et 2 sont également des constructions d'un autre siècle et par conséquent menacés d'expropriation ; l'un d'eux est occupé par un hôtel garni dans les prix doux, mais on n'en peut pas dire autant de ses lits, et un bureau de placement des garçons boulangers sert de dépôt de recrutement à sa clientèle ordinaire. Dans une boutique voisine, figurait naguère une lingère qui se vantait de succéder à Mme Soudain, jurée de ce corps de métier au XVIIIe siècle.

Traversons la chaussée et remarquons, no 3, une niche ronde au-dessus d'une porte bâtarde ; il est évident que ce petit enfoncement est veuf de quelque image de Notre-Dame. La maison avait une sortie sur la rue Basse-Villeneuve, que le boulevard a aussi englobée, et Guillaume Andouard, marchand boucher, la possédait au milieu du XVIIe siècle ; ensuite elle appartint à Mme Carton, femme d'un excellent maître de clavecin, mort en 1758 ; rebâtie par Callou, entrepreneur, elle fut vendue en 1830 à Mlle Avrillion, qui avait été première femme de chambre de l'impératrice Joséphine et qui a publié des mémoires chez Ladvocat. Le neveu de Mlle Avrillion en est encore propriétaire. Le rez-de-chaussée et l'entresol du 5 sont exploités par un restaurateur qui a succédé à Thierry : chez ce Thierry, plusieurs fils de famille avaient compte ouvert, ce qui faisait de son restaurant un établissement de premier ordre.

Une redoutable concurrence est faite à la galette du Gymnase, depuis quelques années, par un marchand de brioches au coin de la rue de la Lune ; une autre boutique de la même maison a pour enseigne deux Indiens, peinture sur placage placée en 1804 au seuil d'un magasin de papiers peints fondé quatorze années plus tôt. Cette propriété, dans un temps plus reculé, portait elle-même l'enseigne : au Petit-Montmartre, et comme elle était située sur le rempart de la grande ville, les soldats avaient l'habitude et, qui plus est, le droit acquis d'y prendre quelque repos à l'arrivée. Un serrurier y était déjà établi pendant les troubles de la Fronde ; il avait acheté son terrain à raison de 25 livres tournois la toise aux religieuses Filles-Dieu, qui avaient Jacqueline Lefébure pour prieure en 1646. Un seul corps de logis composait alors la maison, précédé d'une charmille entre le boulevard et la rue Beauregard; mais le terrain était carré, et il ne devint triangulaire que par suite d'expropriation pour élargir la voie publique. Bettancourt, maître serrurier, obtint de Mgr de Bernage, prévôt des marchands sous Louis XV, la permission de bâtir sur le jardin, avec l'agrément des Filles-Dieu desquelles relevait le sol. Bettancourt avait fait valoir dans sa requête que cette bâtisse supplémentaire ferait embellissement pour la ville; aussi lui avait-on imposé d'éviter l'angle aigu en se donnant pour encoignure un pan coupé d'au moins huit pieds. Ce pan coupé subsiste religieusement du haut en bas de la même maison, toujours belle et solide en dépit de ses six étages, et dont la porte a changé plusieurs fois, donnant tantôt rue Beauregard, tantôt rue de la Lune, tantôt enfin sur le boulevard.

Un dompteur d'animaux occupait autrefois la vieille propriété qui répond au n° 7, et, où un magasin de nouveautés fut fondé en 1832; elle date d'environ quatre siècles, quoi que disent le badigeon et les glaces qui la rajeunissent; en guise de mouches, elle a porté les traces de la mitraille, notamment en décembre 1851. Un jardin et une grille sur le devant, supprimés vers 1840, servaient de vestibule à cette ancienne maison de montreur d'ours. Le 9 a-t-il eu pour aînée la porte Saint-Denis ? nous en doutons. Lui aussi, le n° 11, fut primitivement un cottage ; un petit bal y attirait les commis de la rue Saint-Denis; le corps de bâtiment sur le boulevard n'est toutefois âgé que d'un demi-siècle. Rien de plus jeune au 13, dont les Hospices sont propriétaires. L'immeuble qui vient après est pourvu d'une terrasse et moderne sur le boulevard; mais ses derrières sont d'un autre âge. Le 17 se contente de remonter au Consulat du côté de la rue de la Lune. Deux faces disparates appartiennent de même au 19. La maison subséquente a été bâtie avec les pierres provenant de la démolition de la Bastille et de l'ancienne église de Saint-Paul, sise rue Saint-Paul. Auparavant il n'y avait que le mur de la petite communauté des Filles de Saint-Chaumont, entre les rues Sainte-Barbe et Saint-Étienne, comme l'indique le plan de Verniquet.

BOULEVARD SAINT-DENIS.

La rue Sainte-Apolline, ouverte au XVIIe siècle, prend aussi le nom de Bourbon sur le plan de Lacaille, en 1714, et empiète sur la rue Meslay; le pseudonyme de Sainte-Apolline est attribué sur le même plan à la rue des Fossés Saint-Denis, maintenant rive droite du boulevard Bonne-Nouvelle. Nous craignons, à vrai dire, que Lacaille s'y soit trompé, car le texte dans son atlas, ne concorde qu'imparfaitement avec la descripion graphique, en ce qui regarde les rues Sainte-Apolline.

Dans celle qui nous reste, le côté des chiffres impairs comporte deux maisons vouees à l'amour facile : l'une s'appelle, dans le quartier, la maison de la terrasse, et l'autre la maison de brique. Le domicile de Watin, peintre en bâtiments et auteur d'un livre intitulé : *l'Art du peintre, doreur-vernisseur*, était, ou peu s'en faut, la maison de brique, en 1787 ; Watin fils y éditait un autre ouvrage sous le titre de : *L'Étranger et le Provincial à Paris.* Au bureau de cette publication attenait le magasin de Lefèvre, bibliothécaire de musique à l'Opéra : le théâtre de la Porte Saint-Martin était alors la salle de l'Opéra.

Les propriétés situées sur l'autre ligne n'avaient encore que des terrasses ou des jardins sur l'ancien rempart, converti en promenade depuis près d'un siècle. Le terrain en bordure de ce nouveau boulevard avait été concédé à Lepage de Quincy, ancien écuyer de la dauphine, et au marquis de Bouillac. On y remarquait, avant la Révolution, l'hôtel de Romans, contigu à la résidence de Chardon, procureur-général des prises, qui tenait à celle de Guichard, procureur du roi au bureau des finances. Nous estimons que ces trois hôtels de la rue Sainte-Apolline sont restés debout, plus ou moins transformés du côté du boulevard, et que celui de Chardon est depuis lors occupé par le bureau des nourrrices, précédemment rue Quincampoix et rue Saint-Martin.

L'autre côté du boulevard Saint-Denis s'appelait rue Basse et Neuve-d'Orléans. Bocquet y disposait de trois propriétés, dont une servant d'entrée au passage du Bois-de-Boulogne. Le 16 appartenait à l'abbé Marion, neveu de l'écrivain du même nom, qui avait été chef de bureau au conseil des affaires étrangères. M. de la Fresnaye, gendre du libraire Ganeau, propriétaire des collections du *Dictionnaire de Trévoux*, 8 vol. in-fol., était locataire de l'abbé Marion. Le président de Graige disposait de l'immeuble voisin. Le restaurant qu'on y fréquente depuis 1848 n'était antérieurement qu'un cabaret, dit du Veau-Froid, parce qu'on y faisait alors des soupers uniquement composés de viande froide. L'immeuble a fait partie de la cité d'Orléans, établie par Marais en 1827, et dont le boulevard de Strasbourg n'a laissé subsister qu'une aile. L'architecte Ledoux avait, rue Neuve-d'Orléans, son cabinet de plans ; il se peut que ce fût au 8. L'abbé Lesueur était propriétaire des deux dernières maisons de la dite rue.

LEFEUVE.

www.ingramcontent.com/pod-product-compliance
Ingram Content Group UK Ltd.
Pitfield, Milton Keynes, MK11 3LW, UK
UKHW020437220726
13923UKWH00005B/2195